Liköre selber machen

Rose Marie Dähncke

Liköre
selber machen

Weltbild

INHALT

Genehmigte Lizenzausgabe für Verlagsgruppe Weltbild GmbH, Steinerne Furt, 86167 Augsburg

Fotos: Rose Marie Dähncke

Umschlaggestaltung: GREENSTUFF, Iris & Jochen Grün, München
Umschlagmotiv: StockFood, München
Gesamtherstellung: Offizin Andersen Nexö Leipzig GmbH – ein Unternehmen der Union Verwaltungsgesellschaft, Spengleralle 26–30, 04442 Zwenkau

Printed in Germany

ISBN 3-8289-1149-8

2006 2005 2004
Die letzte Jahreszahl gibt die aktuelle Lizenzausgabe an.

EINLEITUNG

Liköre? Wer trinkt denn heute noch Liköre? Das mag bei manchem die erste Reaktion sein, wenn er ein solches Buch sieht oder zur Hand nimmt. Aber geistert da nicht die Vorstellung von viel zu klebrigem, süssem Zeug herum, das sich früher einmal Likör nannte. Nein – solche Getränke mag heute wirklich niemand mehr.

In diesem Buch hingegen erfahren Sie alles über die köstlich-fruchtigen Liköre, auf Eis serviert, die lieblich-cremigen, die sahnig auf der Zunge schmelzen, und auch die kräuterbitteren, die als Medizin die beste und dabei noch angenehme Rettung aus misslichem Befinden darstellen können.

Wem sind nicht die gängigen Marken bekannt, wie Grand Marnier, Cointreau, Krambambuli, Bärenfang, Danziger Goldwasser, Amer Picon, Campari, Maracuja, Curaçao, Advokat usw.! Das alles sind im weitesten Sinne Liköre.

Sehr ähnlich können wir uns solche Liköre selber herstellen. Ganz nach unserem Geschmack und ausgerichtet auf den Verwendungszweck, denn Liköre sind nicht nur da, um pur getrunken zu werden. Sie können in einem interessant geführten Haus täglich und stündlich gebraucht werden für Mixgetränke, zum feinen Würzen und schliesslich auch zum Heilen. Bestimmt findet sich unter den über siebzig in diesem Buch beschriebenen Herstellungsmöglichkeiten ein Likör, der auch Ihre höchsten Ansprüche erfüllt. Vielleicht gelingt es Ihnen sogar, das grosse Angebot der Liköre um eine Sensation zu übertreffen, so wie auch ich ein paar ganz neue Likörideen hatte.

Unsere Liköre werden sicherlich nicht eine gleichbleibende Norm aufweisen, gewiss auch hin und wieder einen neuen und überraschenden Geschmackseffekt haben und dadurch überhaupt nicht den marktgesetzlichen Bestimmungen entsprechen, aber was macht's! Wir wollen ja nicht damit handeln, sondern sie trinken, und nur uns sollen sie gefallen und unsern Freunden, die mit uns trinken oder denen wir mal zu einem besonderen Anlass eine Flasche schenken oder «unser» Rezept verraten.

Wir nehmen uns die Freiheit, auch die mit Alkohol haltbar gemachten Fruchtsäfte Likör zu nennen. Diese Herstellung ist industriell ebenfalls üblich und bei weitem besser als die Likörherstellung aus künstlichen Essenzen. Wir brauchen überhaupt nicht alles so ernst zu nehmen. Wir dürfen grosszügig experimentieren, denn so genau kommt es dabei auf nichts an. Wir nehmen auch dieses Buch als das, was es sein soll: kein Verleiten zum Alkoholismus, kein Anstoss bei Fanatikern und Moralpredigern, in keiner Form ein Ärgernis, sondern eine Anleitung, wie man sich harmlos ein paar nette Stunden machen kann – durch das Beschaffen des geeigneten Materials, vielleicht sogar aus Wald und Wiese *), durch den Spass der Zubereitung und die grösste aller Freuden, die Vorfreude, nämlich auf das fertige, ausgereifte Produkt, wenn man es dann endlich trinken darf.

Nur das Gesetz des Selbstdestillierens überschreiten wir nicht, es ist auch viel zu umständlich. Wir setzen die Früchte, Gewürze oder Kräuter einfach mit Alkohol an. Sie geben ihr volles Aroma her und sogar noch ihre jeweils typische Farbe. Da schmeckt ihn auch das Auge, wenn ein Orangenlikör orange leuchtet und nicht wasserklar ist wie zum Beispiel einer der internationalen Markenliköre.

Wie immer in meinen Büchern schliesse ich hohe Schwierigkeitsgrade aus und erspare Ihnen zeitraubendes Suchen nach ausgefallenen Zutaten. Ich setze die Liköre aus dem Küchenbestand (Gewürze) an oder aus allgemein bekannten Kräutern und Früchten, die man sammeln oder leicht kaufen kann. Arbeit macht das Ganze kaum. Man muss lediglich den Ansatz bereiten, ihn mehr oder weniger lange stehen lassen, filtrieren, mit Zuckerlösung mischen. Fertig!

Also Likör? Aber ja, jeder kann ihn brauchen und wird froh sein, ihn griffbereit zu haben.

Warum wir unsern Likör selbst herstellen

Zunächst weil es Spass macht. Likörzubereitung ist nicht einmal unmännlich. Schliesslich bietet der Hausherr später die Getränke an, da könnte er durchaus auch Lust haben, sie selbst zu erschaffen. Und das sogar mit ganz persönlicher, fein ausgeklügelter und raffiniertest durchprobierter Geschmacksnote, so dass er seine Gäste mit Exklusivgetränken überraschen kann, sich selbst darüber hinaus mit einem sehr wohlschmeckenden Likör aus Sellerie, dessen Wirkung allgemein bekannt ist.

Ein weiterer Grund wäre, dass man seinen Likör ganz nach Geschmack süssen kann. Herrenlikören und solchen, die als Medizin getrunken werden, wird man weniger Zucker zusetzen. Damenliköre und die lieblich-cremigen dürfen etwas süsser sein. Diabetiker werden einen Weg finden, den Zucker ganz wegzulassen und durch andere Süssungsmittel zu ersetzen.

Frisch gezaubert aus Früchten und Kräutern

Auch der Alkoholgehalt kann gesteuert werden. Soft ist modern. Bei hohem Alkoholanteil leidet durch seine Schärfe das Aroma, und das wäre schade, denn wir bemühen uns ja gerade um einen besonders schmackhaften Likör. Meine Liköre mit etwa 25% Alkohol haben in Familie und Freundeskreis noch kein Unheil angerichtet, im Gegenteil.

Man kann auch Likör selbst machen wollen, weil man einen bestimmten zu kaufen nicht die Möglichkeit hat, wie Ingwerlikör, der eine gute Magenmedizin ist. Mir blieb zum Beispiel gar nichts anderes übrig, als Likör selbst zu machen, weil hier auf der kleinen Insel La Palma in unseren ersten «Pionierjahren» keiner zu haben war. Jetzt gibt es auch hier schon einige Sorten in Knallblau, Irrelila und Giftgrün.

Und dann kann man natürlich auch einmal nachrechnen, was eine Flasche selbstgemachter Likör kostet. Bei den hiesigen, allerdings recht niedrigen Alkoholpreisen kann ich 12 Liter Naturorangenlikör herstellen zum Preis einer ¾-Liter-Flasche Markenlikör.

Manchmal kann man sogar grössere Mengen wertvollen Fruchtsaftes (zum Beispiel Passionsfrüchte) durch Zucker- und Alkoholzugabe auf einfache und schnelle Weise haltbar machen und später ähnlich wie Fruchtsirup verwenden, wenn der Alkoholanteil nicht zu hoch ist. Dieser Likör ist als «Maracuja» im Handel.

Und nicht zuletzt ist selbstgemachter Likör eine gute Geschenkidee.

Der Alkohol

In den Rezepten dieses Buches wird mit reinem Alkohol gearbeitet. Man bekommt ihn, manchmal rationiert in kleineren Mengen, in der Apotheke. Er wird auch als Weingeist oder Sprit bezeichnet. Niemals darf es ein vergällter Alkohol für äussere Anwendungszwecke sein. Dieser reine Alkohol, er hat meistens 96%, ist aus Kartoffeln gewonnen, aus Weizen oder anderem Getreide. Hier bei uns schmeckt er rein und sauber, während ich mich eines «medizinischen» Beigeschmacks aus der Zeit in Deutschland erinnere, als ich mir jedes Jahr einen Nusslikör gegen Magenbeschwerden herstellte. Durch längere Lagerung des fertigen Likörs und durch Gegenwürze mit etwas Rum oder Weinbrand verschwindet dieser Beigeschmack jedoch.

Man könnte natürlich auch Branntwein aus Obst mit 45–50% Alkoholgehalt für die Likörherstellung benutzen, aber wegen seines Eigengeschmacks sollte man ihn immer nur mit dem passenden Aromamaterial zusammen verwenden (z. B. Kirschgeist mit Kirschen, Himbeergeist mit Himbeeren). Aber selbst in diesem Falle ist es besser, wenn man den Likör mit reinem Alkohol ansetzt und durch einen Schuss des passenden Branntweines verfeinert. Auch Rum, Whisky und ähnliches lässt sich verarbeiten.

Trester- und Weinhefebranntwein sollten nur in äussersten Fällen versucht werden.

Holz- oder Knochenkohle, die es in der Drogerie zu kaufen gibt, helfen, Alkohol weicher und im Geschmack reiner zu machen. 1 Liter Alkohol wird mit etwa 5 Gramm Kohle verrührt und am nächsten Tag abfiltriert.

Das Wasser

Bei diesem Stichwort sehe ich wieder einmal, wie paradiesisch wir hier leben. Bei uns ist Wasser reines Wasser, Regenwasser, vielfach durch Vulkangestein gefiltert, ohne Zusätze, klar und schmackhaft, äusserst geeignet also für die Likörherstellung. Woanders kann Wasser auch trübe Chlorbrühe sein. Die Qualität des Likörs hängt vom schmackhaften, reinen Wasser ab, deshalb ist Regenwasser da zu empfehlen, wo kein Brunnenwasser, Quellwasser oder reines Trinkwasser fliesst.

Die Zuckerlösung

Die Industrie gibt ihren Likören mit Stärkesirup eine sämige Beschaffenheit. In der Eigenfabrikation ist der gebräuchliche Haushaltszucker am einfachsten zu verarbeiten, wenn auch der Likör etwas flüssiger bleibt, was ich durchaus nicht als Nachteil betrachte.

Ausser Zucker soll man jedoch nach fachmännischer Vorschrift noch eine Messerspitze Zitronensäure zusetzen, die eine Umwandlung der Saccharose in Invertzucker bewirkt. Praktisch ist davon eigentlich nichts zu merken, denn bei gelegentlichem Fehlen der Zitronensäure wurden meine Liköre so gut wie immer.

Für die Herstellung von 1 Liter Likör bringt man eine Tasse Wasser zum Kochen, löst darin die Prise Zitronensäure auf, fügt unter Rühren 300–400 Gramm Zucker hinzu und lässt 15 Minuten leicht kochen. Einen sich eventuell bildenden Schaum abschöpfen und die Lösung auskühlen lassen.

Unter Rühren fügt man nun dem gefilterten Aroma-Alkoholansatz (Seite 9) einen Teil der Zuckerlösung zu, probiert zwischendurch und ergänzt nur nach Geschmack. Milde Liköre (Kokos, Mandel, Ananas) und Herrenliköre (Kräuter, Gewürze, Walnuss) werden etwa 300 Gramm Zucker brauchen, saure Fruchtliköre (Zitrone, Orange, Stachelbeere, Passionsfrucht) 400 Gramm oder mehr.

Das Abrunden

Für das bequeme Mischen der aromatisierten Alkohollösung mit der Zuckerlösung benutzen Sie am besten einen Glas- oder Porzellankrug, der mehr als 1 Liter fasst. Haben Sie unter Rühren eine gewisse Menge der Zuckerlösung zugegeben, probieren Sie schon das erste Mal. Nun gibt es viele Möglichkeiten:

* fehlt Zucker, nach Geschmack mehr zugeben
* ist der Alkoholanteil zu stark, Wasser zugeben
* ist der Alkoholanteil zu schwach, Alkohol zugeben
* ist das Aroma zu kräftig (kann besonders bei Kräutern und Gewürzen leicht vorkommen), Wasser + Alkohol + Zuckerlösung nach Geschmack zugeben

Zum Schluss muss der Likör genauso schmekken, wie Sie ihn haben wollen.

Reifezeit, Aufbewahrung

Die klaren Liköre aus Früchten, Fruchtsäften, Gewürzen, Kräutern usw. werden erst nach einer Reife von 4–6 Wochen ihr volles abgerundetes Aroma erreicht haben. Dann ist auch der Zeitpunkt gekommen, getrübte Liköre noch ein letztes Mal durch den Papierfilter zu klären. Cremeliköre schmecken sofort nach der Herstellung.

Liköre werden bei normaler Zimmertemperatur in gut verschlossenen Flaschen aufbewahrt.

Die Art des feinen Trinkens

Alle klaren Fruchtliköre schmecken besonders frisch über einen grossen Eiswürfel gegossen. Nach kurzem Schwenken gleich trinken, damit der Likör nicht etwa verwässert.

Magen- und Kräuterliköre kann man mit oder ohne Eis trinken.

Die gehaltvollen Cremeliköre brauchen Zimmertemperatur und meistens auch einen kleinen Löffel wegen ihrer Dickflüssigkeit.

Schädlich oder gesund

Alkohol in Mengen ist schädlich. In hoher Konzentration ist er schädlicher als in schwacher. Kleine Mengen in schwacher Konzentration sind sogar gesund. Warum wohl enthalten die käuflichen flüssigen Stärkungs-, Anregungs- oder auch Beruhigungsmittel alle ein wenig Alkohol? Weil er in dieser Form dem Körper sehr bekömmlich ist. Wenn man bedenkt, dass wir unsere eigenen Liköre alkoholarm ansetzen können und sie darüber hinaus alle entweder Vitamine oder medizinisch wirksame Stoffe enthalten, so dürfen wir sie auch als Stärkungs-, Beruhigungs- oder Heilmittel betrachten, und das nicht nur als Vorwand.

Um sich einen Rausch anzutrinken, wird man ohnehin nicht gerade Likör wählen. Entschuldbar wäre dies nur im Falle von Verzweiflung über die heissdebattierte Frage, ist der darin enthaltene Zucker nun schädlich oder nicht? Die einen behaupten, davon fielen die Zähne aus, die anderen sagen, der Aufbau des Gehirns sei davon geradezu abhängig, und der Zucker sei in dieser Hinsicht durch nichts zu ersetzen. Da kann einen die Entscheidung schon in Panik versetzen: lieber Zähne oder ...

Gerätschaften

Man kann wertvolle Messgläser mit ccm-Einteilung benutzen, aber bald werden diese überflüssig sein. Es genügen völlig einige Schraubdekkelgläser von Marmelade, Würstchen usw. (Foto S. 10). Sehr praktisch sind solche, die etwa 700 ccm fassen. Dann hat der Ansatz oft schon den richtigen Alkoholanteil für den fertigen Liter Likör. Ausserdem braucht man einen Kaffeefilter

Likör auf Eis serviert

mit Papiertüten und einen Glas- oder Porzellankrug von mindestens 1 Liter Fassungsvermögen, auf den der Filter gut passt, einen langen Rührlöffel, und natürlich hübsche Glasflaschen für das fertige Produkt.

Der Ansatz

Als Ansatz bezeichnen wir die Zutaten (Kräuter, Fruchtstücke, Gewürze), die wir in das Schraubglas gegeben und mit der in den Rezepten angegebenen Alkohollösung übergossen haben. Es empfiehlt sich, das Glas ziemlich bis zum Rand zu füllen, damit keine Zutaten aus der Lösung herausragen und nicht richtig ausgenutzt werden. Zudem verfärben sich unbedeckte Kräuter braun. Gerade die Kräuter schwimmen manchmal in der Lösung und neigen dazu, herauszuragen, aber dann können wir das gut verschlossene Glas auch einmal auf den Kopf stellen, und sie sind wieder bedeckt.

Alkoholische Ansätze (Anweisung Seite 9): Kräuter, Zitronen, Kokosraspeln, Kaffee, Blüten von Malven, Ringelblume, Veilchen, Rosinen, Vanille, Gewürze

Den Ansatz lässt man bei Zimmertemperatur stehen. Dann filtriert man durch einen Papierfilter. Über die Rückstände kann man zum Schluss ein wenig kochendes Wasser giessen, um den Alkohol gut herauszuwaschen.

Likörverwendung

Am besten ist, Sie haben immer Likör griffbereit stehen für:

* Sommerlimonade, Fruchtliköre verdünnt mit Wasser
* kalte und heisse Milchgetränke mit Schuss eines Cremelikörs
* Longdrinks und Cocktails
* Sangria und andere Weingetränke
* Eiskaffee mit einem Schuss Mokka- oder Eierlikör
* Sauce über Eiscreme und Dessertcreme
* letzte Zugabe an fertiggekochte Marmelade
* Grundsubstanz für Obstsalate jeglicher Zusammenstellung
* Würze für Kuchenteig und Gebäck
* Aromatisierung von Pudding, Eiscreme, Dessertcreme, Tortencreme
* Flambieren, dazu den Likör mit einem Schuss reinem Alkohol anreichern, damit er gut brennt
* heilsamen oder geschmackgebenden Schuss in kochendes Wasser, Tee, Glühwein

Bitter-Herstellung

Wenn man mit den Likören Getränke mixen will, braucht man als tropfenweise Zugabe oft auch einen Bitter, der in Original-Mixgetränken meist als Angostura angegeben wird. Machen wir den Bitter selbst, haben wir sogar die Möglichkeit zweier verschiedener Bitterrichtungen: Fruchtbitter für entsprechende Fruchtgetränke und Kräuterbitter für medizinische Getränke.

Der Fruchtbitter lässt sich darüber hinaus in drei Bitterstärken variieren: aus Zitronenschale aromatisch mild bitter, aus Orangenschale kräftig bitter, aus Pampelmusenschale stark bitter.

Die Herstellung ist sehr einfach: Die Schale mit der weissen Innenschicht in ein Schraubglas füllen, stark zusammenpressen und mit halb Wasser, halb reinem Alkohol auffüllen. Eine Woche stehen lassen, abfiltrieren. Den Bitter kann man auch aus getrockneten Schalen ansetzen; durch die grössere Menge in trockenem Zustand geben sie noch mehr Bitterstoffe ab.

Einen Kräuterbitter setzt man aus den bittersten Pflanzen an: Blutwurz, (Tormentill), Wermut, Artischocke, Erdrauch, Weinraute, Eberraute oder den käuflichen Drogen Chinarinde und Angosturarinde. Die Pflanzenteile werden in ein Schraubglas gepresst und mit halb Wasser, halb reinem Alkohol aufgegossen. Einen Tag stehen lassen, abfiltrieren.

Farbgewinnung

Unser Likör kann vielleicht auch einmal etwas mehr Farbe gebrauchen.

Gelb in sehr kräftiger Tönung ergibt ein Ansatz von wenigen Safranfädchen in leichter Alkohol-Wasser-Lösung, abfiltrieren.

Rosarot erhält man durch Einlegen einiger roter Hibiskusblüten (auch getrocknet) in schwache Alkohol-Wasser-Lösung.

Rot, dunkel, gewinnt man durch Ausziehenlassen einiger frischer oder getrockneter Blütenblätter der dunkelroten Malve (Stockrose) in Alkohol-Wasser-Lösung.

Rot, heller, erreicht man mit dem vorangegangenen Malvenblütenansatz, dem man zum Schluss ein paar Tropfen Zitrone zugibt.

Orange erziele ich durch einen alkoholischen Ansatz mit dem Fruchtfleisch von Kaktusfeigen der dunkelorangefleischigen Sorte.

Orange lässt sich bei gelben Likören in etwas gedämpfterem Ton auch mit Zuckercouleur erreichen.

Braun erzielt man durch Zuckercouleur. Dazu ein paar Esslöffel Zucker in der Pfanne unter ständigem Bewegen erhitzen, bis er zerläuft und eine kräftig braune Farbe annimmt. Sofort vom Herd nehmen und weiterrühren, damit er in der heissen Pfanne nicht verbrennt. Nach dem Auskühlen in ein Schraubglas füllen und mit halb Wasser, halb Alkohol aufgiessen. Die Zuckermasse löst sich völlig auf und kann zur Klärung filtriert werden.

Diese sechs Farblösungen haben kein so starkes Eigenaroma, dass sie bei kleinen Zugaben den damit gefärbten Likör im Geschmack nennenswert verändern würden. Durch ihren Alkoholgehalt sind sie dauerhaltbar.

Rot durch Ansetzen von Wurzeln der Blutwurz ergibt gleichzeitig einen Bitterstoff, womit man dann natürlich nur Liköre färben kann, die eine Bitternote vertragen.

Lebensmittel-Farbstoffe künstlicher Herstellung gibt es in vielen Farben in der Apotheke zu kaufen. Man wird darauf zurückgreifen, wenn zum Beispiel Veilchen-Likör auch ein wenig nach Veilchen aussehen soll und nicht mattgrünlich, wie er auf natürlichem Wege herauskommt.

Allen auf meinen Fotos abgebildeten Likören habe ich ihre Eigenfarbe belassen.

Masseinheiten

1 ccm = 0,1 cl = 1 ml = 1 g = 1/1000 von 1 Liter

Das Aromamaterial

Sehr einfach ist die Verarbeitung von Kräutern oder Gewürzen (frische Kräuter, getrocknete Kräuter, Saatstände, Gewürze wie Nelken, Stangenzimt, Zimtblüte, Muskatnuss, Kaffee). In den entsprechenden Rezepten wird die Arbeitsweise genau beschrieben.

Nicht viel schwieriger ist der Ansatz aus Früchten, die ganz gelassen oder zerschnitten werden (Apfelsinen, Zitronen, verschiedene Beeren- und Obstsorten). Es versteht sich, dass nur saubere Früchte verarbeitet werden und sol-

Färben (Anweisung Seite 11): Hellgelber Likör mit Zuckercouleur (vorne) und mit roter Malve (hinten) unterschiedlich gefärbt

che Südfrüchte, deren Schale nicht nach Spritzmitteln riecht oder schmeckt.

Fruchtsaft als Grundlage wird man da wählen, wo Früchte durch das Aufkochen ihr Aroma erst voll entwickeln (z. B. Aprikosen, Schlehen, Heidelbeeren) oder sich nur durch Saftgewinnung von ihren Kernen lösen lassen (z. B. Passionsfrüchte, Guaven). Oder man arbeitet nach dieser Methode, wenn grössere Mengen süsser Fruchtsaft durch geringen Alkoholanteil konserviert werden sollen. Dieses mehr oder weniger alkoholisierte Saftkonzentrat kann später verdünnt für leichte Getränke benutzt werden, aber auch zur Herstellung von Fruchtsaucen, für die Eiscremebereitung, für Tortenguss und ähnliches. Alkoholgegner können dann durch Aufkochen den Alkohol sogar verflüchtigen lassen.

Aus Eiern und Milch werden die sämigen gehaltvollen Cremeliköre hergestellt. Sie werden vorteilhaft im Wasserbad bereitet (Foto Seite 42). Dazu stellt man einen kleineren Topf mit den Zutaten in einen grösseren Topf, in den soviel Wasser gefüllt wird, dass der kleine Topf 2–3 Fingerbreit darin steht. Dann wird das Wasserbad erhitzt und die Crememasse ständig gerührt, am besten mit einem Schneebesen, bis sie dicklich wird. Sie darf nicht zum Kochen kommen, sonst gerinnt sie und wird wieder flüssig. Sollte das einmal passieren, kann man die Masse im Mixer wieder glattmixen, muss aber neue Eier zum Andicken im erneuten Wasserbad zugeben.

Klare Liköre

Ananas
Anis
Apfel
Backpflaumen
Banane
Berberitze
Brombeeren
Erdbeeren
Feigen
Fenchel
Gewürze
Granatapfel
Guaven
Hagebutten
Haselnuss
Heildelbeeren
Himbeeren
Honig
Ingwer
Johannisbeeren,
rot
und schwarz
Johannisbrot
Kaktusfeige
Kirschen
Kiwi
Kokosnuss
Kräuter
Kümmel
Kumquat
Lavendel
Limetten
Mandarinen
Mandeln
Mokka
Nuss
Orangen
Orangenblüten
Pampelmusen
(Grapefruits)
Pfefferminze
Pfirsich
Pflaumen
Pistazien
Pomeranzen
Preiselbeeren
Quitten
Rosenblüten
Rosinen
Schlehen
Schokolade
Sellerie
Stachelbeeren
Tee
Vanille
Veilchenblüten
Vogelbeeren
Zitronen

Ananas-Likör

1 frische Ananas
260 ccm reiner Alkohol
350 g Zucker
Zitronensäure

Die Frucht waschen und senkrecht in schmale Spalten schneiden, dick abschälen und den Mittelstrunk herausschneiden. Die besten Stücke der Ananas aufessen oder anderweitig verwenden. In einem grösseren Schraubglas aus den Schalen, den Strünken und ein paar Fruchtwürfeln den Ansatz mit halb Wasser, halb Alkohol bereiten. Eine Woche bei Raumtemperatur stehen lassen. Durch einen Filter laufen lassen. Die Zuckerlösung herstellen (Seite 7) und nach dem Auskühlen unter Rühren dazugeben. Den restlichen Alkohol und eventuell Wasser bis auf 1 Liter auffüllen. Probieren und abrunden (Seite 8).

Tips für die Verwendung

Obstsalat: Basis für Salate aus exotischen Früchten.
Tortenguss: mit Gelatine andicken.
Fruchtsauce: ein Schuss als Würze.
Bowle: ein Schuss als Würze.
Götterspeise: ein Schuss für kräftiges Aroma.

Gleiche Herstellungsweise für:

Apfel, mit Schale
Banane, geschält, in Scheiben, würzen mit etwas Zitrone oder Zitronensäure.
Feigen, frische
Guaven, rote und gelbe
Kaktusfeigen, ohne Schale
Kiwi, geschält in Scheiben
Pfirsich, mit Schale
Pflaumen, entsteint
Quitten, mit Schale

Internationale Mixgetränke

Banana Mix (Foto Seite 57)
4 ccm Zitronensaft
2 ccm Bananenlikör
Spritzer Fruchtbitter
Mit Sodawasser auffüllen.

Coco Banana siehe Seite 25 (Foto Seite 53)

Peach-Cream (Foto Seite 53)
2 ccm Pfirsichlikör
2 ccm Brandy
1 ccm Sahne
Mischen und mit Pfirsichspalte garnieren.

Ananas-Likör

Brombeer-Likör

500 g Brombeeren
etwas Zucker
260 ccm reiner Alkohol
350–400 g Zucker
Zitronensäure

Um das Brombeeraroma zu verstärken, lässt man die Früchte vergären. Dazu werden sie, mit etwas Zucker als Gärhilfe, in eine weithalsige Flasche gefüllt, die man mit einem Gärverschluss (Drogerie) verschliesst. Bei Raumtemperatur werden bald Bläschen aufsteigen, was das Einsetzen der Gärung anzeigt. Ab und zu leicht umschütteln, damit die Fruchtmasse sich verteilt. Nach 8–10 Tagen wird die Gärung abgeschlossen sein, der Saft ist dann ruhig und schäumt nicht mehr. Dann abfiltern und etwa ⅔ des Alkohols zum klaren Saft geben, Flasche wegstellen. Den Rückstand aus dem Filter in einem Schraubglas mit dem restlichen Alkohol ansetzen und eine Woche stehen lassen. Dann ebenfalls abfiltrieren und den letzten Rückstand mit etwas kochendem Wasser übergiessen, um den Alkohol gut auszuwaschen. In einem geräumigen Glaskrug den zuerst gewonnenen alkoholisierten Saft mit dem Extrakt des Rückstandes und der inzwischen hergestellten Zuckerlösung (Seite 7) mischen, eventuell mit Wasser bis auf 1 Liter auffüllen. Abrunden (Seite 8).

Tips für die Verwendung

Fruchtsauce: ein Schuss für kräftigen Geschmack.
Obstsalat: ein Schuss zum Würzen.
Tortenguss: mit Gelatine andicken.
Götterspeise: ein Schuss zur Hebung des Aromas.

Gleiche Herstellungsweise für:

Berberitzen
Hagebutten, entkernt
Vogelbeeren (Eberesche)

Champagner-Flip (Foto Seite 17)
Einen Schuss Vogelbeerlikör in ein hohes Trinkglas geben, eine Scheibe grüne Gurke einlegen, mit Sekt auffüllen.

Champagner-Flip, Rezept oben

Fenchel-Likör

1 EL Fenchelsaat oder ein paar Spitzen der frischen Pflanze
260 ccm reiner Alkohol
350 g Zucker
Zitronensäure

Fenchelsaat oder -pflanze in ein Schraubglas geben, mit halb Wasser, halb Alkohol bedecken. 2–3 Tage bei Raumtemperatur stehen lassen, abfiltrieren. Zuckerlösung herstellen (Seite 7) und nach dem Auskühlen unter Rühren zugeben, ebenso restlichen Alkohol und Wasser bis auf 1 Liter. Probieren und wenn nötig noch abrunden (Seite 8).
Für einen Kräuterlikör mit Einlage (Foto Seite 28/29), stellt man zuerst die Zuckerlösung her und gibt nach dem Auskühlen den Alkohol zu. Dann legt man das Kraut nach seiner Wahl ein und lässt es für längere Zeit oder immer darin. Auf diese Weise kann man gleich mehrere Geschmacksrichtungen mit einem Arbeitsgang herstellen.

Fenchel in der Volksheilkunde:

Beruhigungsmittel, gegen Husten, bei Blähungen.

Tips für die Verwendung

Hustensaft: Halb Honig, halb Fenchellikör verrühren und des öfteren ein wenig davon nehmen, möglichst lange im Rachenraum wirken lassen.
Teegrog: Einen Schuss in den heissen Tee geben.
Bei Erkältung: Einen kräftigen Schuss in heisser Milch trinken.

Gleiche Herstellungsweise für:

Anis: gegen Blähungen, magenkräftigend, Hustenmittel.
Engelsüss: bei Husten, fördert die Gallenproduktion, leicht abführend.
Eukalyptusblätter: bei Husten, Bronchialkatarrh, Asthma.
Kümmel: bestes Mittel gegen Blähungen.
Lavendel: nervenberuhigend, gegen Durchfall.
Pfefferminze: gegen Magen- und Darmbeschwerden, fördert die Gallenproduktion.
Rosmarin: kreislaufstärkend, bei niedrigem Blutdruck, bei Schwächezuständen, bei nervöser Erschöpfung, gegen Magen- und Darmbeschwerden.

Internationale Mixgetränke

Stinger (Foto Seite 57)
2,5 ccm Pfefferminzlikör
2,5 ccm Brandy
Spritzer Kräuterbitter
Mit Eis schütteln und mit Pfefferminzblatt garnieren.

Gewürz-Likör

Gewürze nach Wahl
260 ccm reiner Alkohol
300 g Zucker
Zitronensäure

Die Gewürze kann man nach unterschiedlichsten Gesichtspunkten wählen: aus dem vorhandenen Bestand, weil nichts anderes da ist oder nach Aroma, um eine bestimmte Geschmacksrichtung zu erzielen oder aber nach ihrer Heilwirkung wegen des angestrebten Effekts. 4–5 verschiedene Gewürze geben schon ein abgerundetes Aroma, 6–7 können es auch noch sein, aber mehr führen zu einem wahllosen Durcheinander. Je mehr Sorten man verwendet, um so kleiner muss die jeweilige Menge sein, denn für 1 Liter Likör braucht man nur 1 Esslöffel Gewürze. Beispiel: Zimtstange, 4–6 cm lang, ein Stern Anis, ein kleines Stückchen Ingwer, etwas abgeriebene Muskatnuss, 3 Gewürznelken, 3 schwarze Pfefferkörner.
Fruchtig würzen kann man darüber hinaus mit etwas frischer oder getrockneter Orangen- oder Zitronenschale.
Für den Ansatz gibt man die Zutaten in ein Schraubglas und füllt es mit halb Wasser, halb Alkohol. 1 Woche bei Raumtemperatur stehen lassen, abfiltrieren, den restlichen Alkohol zugeben, mit der Zuckerlösung (Seite 7) vermischen, mit Wasser auf 1 Liter auffüllen und abrunden (Seite 8).

Gewürze in der Volksheilkunde:

Anis, fördert die Gallensaftproduktion, gegen Blähungen, bei Husten
Ingwer, fördert die Speichelproduktion und Verdauung, bei Magengeschwüren, beschleunigt den Abbau der Kohlenhydrate
Kardamom, speichelflussanregend, appetitanregend, verdauungsfördernd, beschleunigt den Abbau der Kohlenhydrate
Koriander, gegen Blähungen
Kümmel, gegen Blähungen
Lorbeerblätter, magenfreundlich, verdauungsfördernd
Muskatnuss, Aphrodisiakum, gallenfreundlich
Muskatblüte, krampflösend, verdauungsfördernd
Nelken, gegen Blähungen, antibakteriell
Pfeffer, schwarz, gegen Magenbeschwerden, verdauungsfördernd
Piment, fördert die Speichelproduktion, appetitanregend, verdauungsfördernd, beschleunigt den Abbau der Kohlenhydrate
Safran, Aphrodisiakum, beruhigend, gegen Depressionen
Senfkörner, schwarz, appetitanregend, fördern die Magensaftproduktion, gegen Sodbrennen, entwässernd, gegen Rachenkatarrh
Sternanis, magenfreundlich
Vanille, Aphrodisiakum
Wacholderbeeren, appetitanregend, gegen Blähungen, bei Gallen- und Leberleiden, zur Entwässerung, gegen Durchfall, bei Husten, bei Rheumatismus
Zimt, Stangenzimt, magensaftanregend, verdauungsfördernd

(Weiter Seite 21)

Abschluss der Mahlzeit: ein Gewürzlikör

Tips für die Verwendung

Bei Erkältung: einen guten Schuss in heisser Milch trinken.
Verdauungsschnaps: ein Gläschen nach dem reichlichen Essen.
Appetitanreger: einen Schuss Gewürzlikör, wenn vorhanden etwas Orangenbitterlikör, mit Sodawasser mischen, vor dem Essen trinken.
Glühwein: Rotwein erhitzen, nach Geschmack Gewürzlikör zugeben, ersetzt praktischerweise Zucker und Einzelwürze mit den für Glühwein erforderlichen Zutaten.
Feuerzangen-Bowle: ein Schuss als Würze statt Zimt und Nelken.
Gewürzgrog: ⅓ Gewürzlikör mit ⅔ kochendem Wasser aufgiessen.

Gleiche Herstellungsweise für:

Einzelansatz von Kümmel, 2 EL
Anis, 1½ EL
Vanille, 2–3 Schoten

Granatapfel-Likör

5–6 Granatäpfel
260 ccm reiner Alkohol
350–400 g Zucker
Zitronensäure

Die Granatäpfel quer durchschneiden und die von Fruchtmasse umgebenen Kernchen herausklopfen, in ein Schraubglas füllen und mit halb Wasser, halb Alkohol bedekken. 4–5 Tage bei Raumtemperatur stehen lassen. Danach abfiltrieren, mit der Zuckerlösung (Seite 7) vermischen, den restlichen Alkohol zugeben und mit Wasser bis auf 1 Liter auffüllen, abrunden (Seite 8). Der Likör bekommt eine leuchtendrote Farbe.

Tips für die Verwendung

Longdrink: ein Schuss Granatapfellikör färbt jedes Getränk schön rot.
Tortenguss: mit Gelatine andicken.
Götterspeise: zum Färben und zur Hebung des Aromas.

Gleiche Herstellungsweise für:

Backpflaumen
Erdbeeren
Hagebutten, entkernt
Heidelbeeren
Himbeeren
Johannisbeeren, rot und schwarz
Kirschen, mit ein paar zerklopften Steinen
Preiselbeeren
Rosinen
Schlehen, getrocknet
Stachelbeeren

Internationale Mixgetränke

Vin Blanc Cassis (Foto Seite 57)
2 ccm schwarzer Johannisbeerlikör
4 ccm trockener Weisswein
Spritzer Fruchtbitter
Über Eiswürfel giessen, mit Sodawasser auffüllen.

Honig-Likör

400 ccm Honig
260 ccm reiner Alkohol

Den Honig in 340 ccm nicht über 45 Grad heissem Wasser auflösen, damit möglichst noch seine Heilwirksamkeit erhalten bleibt. Nach dem Auskühlen den Alkohol unter Rühren hinzufügen.
Das ist das Grundrezept für «Bärenfang», das sich leicht jedoch noch ein wenig verfeinern lässt: die Schale einer Orange mit 2 Gewürznelken und einem Stückchen Stangenzimt 24 Stunden in halb Wasser, halb Alkohol ausziehen lassen, abfiltrieren und für das obige Rezept verwenden.
Oder noch praktischer: den fertigen Honiglikör auf 3 oder 4 kleinere Flaschen verteilen und in jede ein anderes Gewürz einlegen und darin belassen, z. B. eine Spirale Orangenschale, ein Zweiglein Rosmarin (oder getrocknete Rosmarinnadeln), ein Zweiglein oder ein paar Samen von Fenchel. Nach der Reife können Sie dann feststellen, welcher Geschmack Ihnen am besten zusagt.

Honig in der Volksheilkunde:

antibakteriell, blutbildend, blutreinigend, Stärkungsmittel, nervenberuhigend, bei niedrigem Blutdruck, bei Bronchialkatarrh, Halsentzündungen und Grippe, gedächtnisstärkend, bei Herzleiden und Kreislaufstörungen, bei Magenschleimhautentzündungen, schlaffördernd, stuhlregulierend.

Tips für die Verwendung

Bei Erkältung: einen guten Schuss in eine grössere Tasse geben, mit heisser Milch auffüllen, unbedingt schon im Bett trinken und sich danach gesundschlafen.
Teegrog: einen Schuss in den heissen Tee geben.
Als Medizin: regelmässig ein Gläschen trinken.
Zuckerloses Süssen: das Mixgetränk Ihrer Wahl mit Honiglikör nach Geschmack süssen.
Obstsalat: zum zuckerlosen Süssen von Obstsalat-Marinade.

Gleiche Herstellungsweise für:

Löwenzahnblüten-Sirup,
Fichtenspitzen-Sirup*

* Rezepte in Rose Marie und Sabine Dähncke «Schlemmereien aus Wald und Wiese», AT-Verlag

Ingwer-Likör

1 EL Ingwer
260 ccm reiner Alkohol
350 g Zucker
Zitronensäure

Ingwerwurzeln in Scheibchen schneiden, oder eingelegte Ingwer mit ihrem Sirup verarbeiten, oder Ingwer pulverisiert verwenden, im Schraubglas mit halb Wasser, halb Alkohol bedecken und 1 Woche bei Raumtemperatur stehen lassen. Abfiltrieren, ausgekühlte Zuckerlösung (Seite 7) und restlichen Alkohol unter Rühren zugeben, mit Wasser auf 1 Liter auffüllen, abrunden (Seite 8). Der Likör kann eine leichte Trübung aufweisen.

Ingwer in der Volksheilkunde:

fördert die Speichelproduktion und wirkt verdauungsfördernd, lindert Magengeschwüre, sorgt für schnelleren Abbau der Kohlenhydrate.

Tips für die Verwendung

Flambieren: einen Teil Ingwerlikör abfüllen und mit etwas reinem Alkohol höherprozentig machen. Davon in eine warme Fruchtsauce oder chinesische Sauce geben, nochmals erhitzen und die Flamme hineinschlagen lassen.
Ingwer-Bier: einen Schuss ins Bier rühren.
Schokoladenfondue: die Schokoladenschmelzmasse mit einem Schuss Ingwerlikör würzen.

Gleiche Herstellungsweise für:

Sellerie, in Scheiben, 1 Tasse voll (entwässernd, potenzfördernd)

Kokosnuss-Likör

1 Tasse Kokosnussraspeln
260 ccm reiner Alkohol
350–400 g Zucker
Zitronensäure

Die Kokosnussraspeln in ein grösseres Schraubglas geben und dieses mit halb Wasser, halb Alkohol füllen. 1 Woche bei Raumtemperatur stehen lassen. Abfiltrieren, die Zuckerlösung (Seite 7) und den restlichen Alkohol unter Rühren zugeben, mit Wasser bis auf 1 Liter auffüllen, abrunden (Seite 8).

Tips für die Verwendung

Tortencreme: mit einem Schuss würzen.
Eiscreme-Ergänzung: einen Schuss als Sauce über Vanille- oder Schokoladeneiscreme geben.
Eiscreme-Bereitung: Würze für Kokosnusseiscreme.
Pur: über einen Eiswürfel giessen und eine Kaffeebohne einlegen, die mitgegessen wird.

Gleiche Herstellungsweise für:

Mandeln, geraspelt, süsse und 3–4 bittere
Haselnüsse, geraspelt
Johannisbrot, geraspelt

Internationale Mixgetränke

Coco Banana (Foto Seite 53)
2 ccm Kokosnusslikör
1 ccm Bananenlikör
1 ccm Sahne
mit Eis schütteln, abseihen.

Numero Uno (Foto Seite 53)
2 ccm Mandellikör
2 ccm Tequila (mexikanischer Branntwein aus dem Saft der Agave)
2 ccm Sahne
Mit Eis schütteln, abseihen und mit Zimt bestreuen.

Piña Colada
2 ccm Kokosnusslikör
3 ccm heller Rum
6 ccm Ananassaft
Mit Eis schütteln, abseihen.

Rum and Coconut Cooler
2 ccm Kokosnusslikör
5 ccm heller Rum
1 ccm Zitronensaft
gekühltes Sodawasser
Zitronenscheibe
Maraschinokirsche
Likör, Rum und Zitronensaft gut mit Eis schütteln, abseihen, mit Soda auffüllen und mit Zitronenscheibe und Maraschinokirsche garnieren.

Seite 26
Flambieren mit pikantem Likör,
Anweisung Seite 34

Lemon
mild
Ingwer

Kräuter-Likör

Eine Handvoll Kräuter nach Wahl
260 ccm reiner Alkohol
300 g Zucker
Zitronensäure

Die Kräuter in ein Schraubglas geben und dieses mit halb Wasser, halb Alkohol füllen. 1–2 Tage bei Raumtemperatur stehen lassen. Abfiltrieren, die Zuckerlösung (Seite 7) und den restlichen Alkohol unter Rühren zugeben, abrunden (Seite 8). Jeder Kräuterlikör verträgt auch ein wenig Apfelsinen- oder Zitronenschale, die gleich mit angesetzt werden.
Kräutermischungen von 6–8 verschiedenen Sorten, jeweils ein Zweiglein oder eine Triebspitze, geben ein abgerundetes Aroma. Wünscht man einen Bittereffekt, mischt man mit kleinen Mengen der als bitter bezeichneten Kräuter. Sind keine frischen Kräuter verfügbar, kann man getrocknete als Notbehelf verwenden.

Kräuter in der Volksheilkunde:

Würzige Kräuter:
Anis, gegen Blähungen, magenkräftigend, Hustenmittel
Eukalyptusblätter, bei Husten, Bronchialkatarrh, Asthma
Fenchel, Beruhigungsmittel, Aphrodisiakum, gegen Husten, bei Blähungen
Fichtenspitzen (auch Tanne, Kiefer, Lärche), bei Frühjahrsmüdigkeit und Vitamin-C-Mangel, gegen Husten und Bronchialkatarrh
Indisches Zitronengras, entwässernd
Johanniskraut, verdauungsfördernd, beruhigend, bei Depressionen
Kamille, bei akuten Magenbeschwerden und Magengeschwüren, bei Entzündungen in Mund und Rachen
Lavendel, nervenberuhigend, gegen Durchfall
Majoran, bei Magen-, Darm- und Gallenbeschwerden, gegen Blähungen und Durchfall
Malve (Käspappel), gegen Husten, bei Entzündungen in Mund und Rachen, gegen Durchfall
Melisse (Zitronen-Melisse), beruhigend, schlaffördernd, bei nervösem Magen, krampflösend und windtreibend
Orangenblätter, beruhigend, schlaffördernd, magenfreundlich
Pfefferminze, Aphrodisiakum, gegen Magen- und Darmbeschwerden, fördert die Gallenproduktion
Rosmarin, kreislaufstärkend, bei niedrigem Blutdruck, bei Schwächezuständen, bei nervöser Erschöpfung, gegen Magen- und Darmbeschwerden
Safran, beruhigend, gegen Depressionen
Salbei, gegen Entzündungen im Mund- und Rachenraum, bei Magen- und Darmbeschwerden, wirkt beruhigend, gegen Durchfall
Schafgarbe, appetitanregend, bei Magen-, Darm- und Gallenbeschwerden, entzündungswidrig, entwässernd
Thymian, Aphrodisiakum, gegen Husten- und Bronchialerkrankungen, bei Asthma, bei Magen- und Darmbeschwerden, gegen Durchfall

(Weiter Seite 30)

Likör mit eingelegten Kräutern,
Rezept Seite 18
Eukalyptus, Pfefferminze, Lavendel, Rosmarin, Fenchel, Engelsüss

Waldmeister, schlaffördernd, beruhigend, entwässernd, gegen Depressionen
Walnuss (Baumnuss), gegen Entzündungen der Schleimhäute von Mund und Rachen, von Magen- und Darm, gegen Magen- und Darmbeschwerden.

Bittere Kräuter:
Artischocke, fördert den Leberstoffwechsel und den Gallefluss, gegen Völlegefühl und Übelkeit
Bittere Kreuzblume, entwässernd, gegen Husten, blutreinigend
Bitterklee (Fieberklee), appetitanregend, fördert den Gallefluss, bei Magen- und Darmbeschwerden, gegen Durchfall
Blutwurz (Tormentill), bei Entzündungen im Mund- und Rachenraum, bei Zahn- und Mandelentzündung, gegen Magen- und Darmbeschwerden, gegen Blähungen und Durchfall
Enzianwurzel (gelb), appetitanregend, fördert die Gallen- und Magensaft-produktion, gegen Blähungen
Orangenschale, appetitanregend, fördert die Magensaftbildung
Pampelmusenschale (Grapefruitschale), appetitanregend, fördert die Magensaftproduktion
Wacholderbeeren, wassertreibend, gegen rheumatische Beschwerden
Weinraute, beruhigend, schlaffördernd, entwässernd, krampflösend, appetitanregend, in grösseren Mengen giftig
Wermut, bei Magenbeschwerden und Gallenstörungen

Tips für die Verwendung

Heilzwecke: möglichst über längere Zeit als Medizin regelmässig ein Gläschen trinken. Alkoholgegner können den Likör schwächer ansetzen, bei 10–15 Prozent Alkoholanteil ist der Likör haltbar.
Verdauungsschnaps: ein Gläschen nach einer reichen Mahlzeit.
Appetitanreger: Kräuterlikör und wenn vorhanden etwas Orangenlikör über Eiswürfel giessen, mit Sodawasser auffüllen.

Mokka-Likör

2 EL Kaffee, grob gemahlen
260 ccm reiner Alkohol
350–400 g Zucker
Zitronensäure

Den Kaffee in ein Schraubglas geben und dieses mit halb Wasser, halb Alkohol füllen. 4–5 Tage bei Raumtemperatur stehen lassen, ab und zu umschütteln. Dann abfiltrieren, die Zuckerlösung (Seite 7) und den restlichen Alkohol unter Rühren zugeben, auf 1 Liter mit Wasser auffüllen, abrunden (Seite 8).

Tips für die Verwendung

Ganz exquisit: Mokkalikör mit einem Häubchen Schlagsahne geniessen.
Eiscreme-Ergänzung: ein Schuss Mokkalikör über ein paar Eiscremekugeln, garniert mit Schlagsahne und Schokoladenraspeln.
Eiscreme-Bereitung: einen Schuss unter die Eiscrememasse rühren, passt zu Mokka- und Schokoladeneiscreme.
Flambieren: etwas Mokkalikör abfüllen und mit einem Schuss reinem Alkohol höherprozentig machen. Davon in eine warme Schokoladen- oder Karamelsauce geben, nochmals erhitzen und die Flamme hineinschlagen lassen. Passt sehr gut zu gedünsteten Birnen.
Eiskaffee (Foto Seite 50/51): einen Schuss als Würze in einen gekühlten Kaffee geben, in den 1–2 Vanille-Eiscremekugeln eingelegt wurden, mit Schlagsahne garnieren.
Kaffeepunsch: in einen heissen starken Kaffee einen guten Schuss Mokkalikör geben, den verräterischen Alkoholduft mit einer Schlagsahnehaube kaschieren.
Kaffeegrog: ½ Glas Mokkalikör mit kochendem Wasser auffüllen.
Butter-Mokkacreme: einen Schuss unter die Tortencreme rühren, passt auch zu Schokoladencreme.
Tortenguss: mit Gelatine andicken, darauf passen als Garnierung Nüsse, Schokolade, Buttercreme und Schlagsahne.
Schokoladenkuchen: als Würze und Feuchtigkeitsspender einträufeln in den fertigen Kuchen.

Gleiche Herstellungsweise für:

Tee, Ansatz mit 1–2 EL
Schokolade (Kakao), Ansatz mit 3 EL, dazu Resteverwertung: den Kakaorückstand aus dem Papierfilter für eine Sauce oder einen Pudding verwenden. In ½ Liter kochende Milch, 1 EL in etwas Milch aufgelöstes Mondamin (Maizena) einrühren, nach dem Festwerden Hitze abschalten. Nun unter Rühren mit dem Schneebesen die Kakaomasse einrühren.

Internationale Mixgetränke

Coffee Cream
2 ccm Mokkalikör und 2 ccm Brandy
2 ccm Sahne
mit Eis schütteln.

Russian Coffee (Foto Seite 53)
1,5 ccm Mokkalikör und 1,5 ccm Wodka
1,5 ccm Sahne
Über ⅓ Tasse Eisstückchen giessen, abseihen, mit Schlagsahne garnieren und mit Kaffee bestreuen.

Nuss-Likör

6–8 unreife Walnüsse (Baumnüsse)
2 EL Kakao
1 EL Kaffee, grob gemahlen
1 Messerspitze Muskatnuss, gerieben
½ Stange Vanille
260 ccm reiner Alkohol
350 g Zucker
Zitronensäure

Die weichen grünen Walnüsse grob zerschneiden und mit allen weiteren Zutaten in ein Schraubglas geben. Dieses mit halb Wasser, halb Alkohol füllen. 3–4 Wochen bei Raumtemperatur stehen lassen, abfiltrieren. Über den Rückstand etwas heisses Wasser giessen, damit der Alkohol gut ausgewaschen wird. Die Zuckerlösung (Seite 7) und den restlichen Alkohol unter Rühren zufügen, bis auf 1 Liter mit Wasser auffüllen, abrunden (Seite 8).

Walnuss in der Volksheilkunde:

gegen alle Magen- und Darmbeschwerden, besonders wenn diese mit Entzündungen einhergehen, bei Entzündungen im Mund- und Rachenraum.

Tips für die Verwendung

Verdauungsschnaps: ein Gläschen nach dem guten Essen.
Schokoladensauce oder -pudding: ein Schuss als Würze.
Eiscreme-Bereitung: ein Schuss an Mokka- und Nuss-Eiscrememasse.
Schokoladenkuchen: als Würze und Feuchtigkeitsspender einträufeln in den fertigen Kuchen.
Schokoladenfondue: die Schokoladenschmelzmasse mit Nusslikör nach Geschmack würzen.
Eiskaffee (Foto Seite 50/51): einen Schuss als Würze in einen gekühlten starken Kaffee geben, in den 1–2 Nuss-Eiscremekugeln eingelegt wurden, mit Schlagsahne garnieren und mit gehackten Nüssen oder Nusskrokant bestreuen.
Als Medizin: über längere Zeit regelmässig ein Gläschen trinken.

Magenlikör aus Walnüssen

Orangen-Likör

3 aromatische Orangen
Schale von 1 Zitrone
260 ccm reiner Alkohol
400 g Zucker
Zitronensäure

Die Orangen waschen, in grobe Scheiben schneiden, mit der Zitronenschale in ein grösseres Schraubglas füllen. Einen Teil (oder die ganze Menge) des Alkohols aufgiessen, bis alles davon bedeckt ist. 1 Woche bei Raumtemperatur stehen lassen. Durch einen Filter laufen lassen. Die Zukkerlösung herstellen (Seite 7) und nach dem Auskühlen unter Rühren dazugeben. Den restlichen Alkohol und eventuell Wasser auf 1 Liter auffüllen, abrunden (Seite 8). Diesen Likör, der viel Ähnlichkeit mit den bekannten Marken «Grand Marnier» und «Cointreau» hat, kann man durch mehr Anteile an Schale im Ansatz zum «Orangen-Bitterlikör» machen, durch mehr Orangen- und Zitronensaft milder und fruchtiger.

Tips für die Verwendung

Flambieren: etwas Orangenlikör abfüllen und mit einem Schuss reinem Alkohol höherprozentig machen, damit er gut brennt. Davon in eine warme Fruchtsauce geben, nochmals erwärmen und die Flamme hineinschlagen lassen. Passt zu Crêpes Suzette und in Butter gebratenen Bananen.

Longdrink: einen Schuss Orangenlikör in ein hohes Trinkglas geben, mit Orangensaft, Grapefruitsaft, Sekt oder Sodawasser, oder mit einer Mischung dieser Zutaten auffüllen, Eiswürfel einlegen, umrühren.

Kumquat-Bowle (Foto Seite 36): Früchte mit wenig Zucker und einer halben Flasche Weisswein 2 Stunden ziehen lassen, mit Wein und Sekt auffüllen und mit Orangenlikör würzen.

Sangria (Foto Seite 60): Rotwein mit Gewürznelken und Stangenzimt ansetzen, Scheiben von Apfelsinen, Zitronen und Äpfeln einlegen, nach Geschmack mit Orangenlikör würzen.

Feuerzangen-Bowle: Anhänger dieses stimmungsvollen Zelebrierens ersetzen Saft und Schale von Orangen und Zitronen durch Orangenlilör nach Geschmack.

Kaffeepunsch: in einen heissen Kaffee einen guten Schuss Orangenlikör geben.

Teewürze: etwas Orangenlikör in den heissen oder eisgekühlten Tee geben.

Tortenguss: mit etwas Gelatine andicken.

Obstsalat: zum Würzen der Marinade.

Eiscreme-Ergänzung: «Coupe Grand Marnier» stellen Sie durch einen Schuss Orangenlikör über ein paar Eiscremekugeln her, mit Schlagsahne oder ein paar Früchten ergänzen.

Resteverwertung: die alkoholgetränkten Orangen- und Zitronenschalenreste aus dem Filter zerkleinern (Fleischwolf oder Trockenzerhacker), im Schraubglas aufbewahren. Durch den Alkoholanteil sind sie dauerhaltbar. Verwenden zum Kuchenwürzen, für Früchtebrot, als Bitterwürze und Geliermittel beim Marmeladenkochen.

(Weiter auf Seite 37)

Orangenlikör, Orangenansatz

Internationale Mixgetränke

Roter Cooler (Foto Seite 57)
3 ccm Orangenlikör
6 ccm Rotwein
Spritzer Fruchtbitter
Mit Sodawasser aufgiessen und mit Orangenschale garnieren.

Orangen/Mandel-Likör-Fizz
(Foto Seite 57)
4 ccm Orangenlikör
6 ccm Orangensaft
4 ccm Mandellikör
Spritzer Fruchtbitter
Mit Eis schaumig schütteln, mit Sodawasser aufgiessen.

Gleiche Herstellungsweise für:

Mandarinen
Zitronen, Ansatz möglich nur aus den dünn abgeschälten gelben Schalen mit halb Wasser, halb Alkohol, oder Schalen und Saft, mit Alkohol pur.
Kumquat, Früchte halbieren, Ansatz mit halb Wasser, halb Alkohol.
Pomeranzen; bitterlich
Limetten, frisch-säuerlich
Pampelmusen (Grapefruits), recht bitter
Alle diese Liköre können ähnlich wie der Orangenlikör verwendet werden.

Kumquat-Bowle, gewürzt mit Orangenlikör, Rezept Seite 34

Rosen-Likör

Blütenblätter von 6–8 Rosen
260 ccm reiner Alkohol
350 g Zucker
Zitronensäure

Die Rosenblätter in ein Schraubglas geben und dieses mit halb Wasser, halb Alkohol füllen. 1 Tag bei Raumtemperatur stehen lassen, abfiltrieren. Die Zuckerlösung (Seite 7) und den restlichen Alkohol unter Rühren zugeben, bis auf 1 Liter mit Wasser auffüllen und mit ein paar Tropfen Zitronensaft das Aroma heben. Eventuell mit Malvenblüten oder Hibiskusblüten (Seite 11) lieblich rot färben. Dieser Likör schmeckt so, wie die Rosen geduftet haben; also möglichst stark, aber lieblich duftende Sorten wählen.

Tips für die Verwendung

Pur: ein Gedicht.
Tortenguss: mit Gelatine andicken.
Marzipanherstellung: statt Rosenwasser.
Backen: überall einsetzen, wo Rosenwasser angegeben wird.

Gleiche Herstellungsweise für:

Orangenblüten
Veilchenblüten

Likör aus duftenden Rosenblüten

Creme-Liköre

Banane
Cherimoya
Eier
Haselnuss
Honig
Karamel
Mandeln
Milch
Mokka
Pistazie
Schokolade
Vanille
Walnuss

Cremelikörherstellung, Anweisung Seite 12

Bananen-Cremelikör

400 ccm Milch
250–300 g Zucker
3 Bananen, geschält
200 ccm reiner Alkohol

Die Milch auf etwa 40 Grad erwärmen, den Zucker darin auflösen, die Bananen damit im Mixer pürieren und bei schnellem Rotieren den Alkohol in feinem Strahl zulaufen lassen. Nach Geschmack mit etwas Vanille oder wenig Zitronensaft würzen. Abrunden (Seite 8) und mit Milch bis auf ¾ Liter auffüllen.

Tips für die Verwendung

Eiscreme-Ergänzung: als Sauce über verschiedene Eiscreme-Sorten.
Tortencreme: mit Gelatine angedickt und mit geriebenen Haselnüssen oder Mandeln verrührt.
Dessert: mit Gelatine andicken, kurz vor dem Festwerden Eischnee unterheben.
Sahnecreme: mit Gelatine andicken, kurz vor dem Festwerden Schlagsahne unterheben.
Eiscreme-Bereitung: steif geschlagene Sahne mit Bananen-Cremelikör und zusätzlichem Zucker würzen, tiefgefrieren.
Milchmix-Getränk: im Mixer Milch und ein Eigelb rotieren lassen, mit Bananen-Cremelikör würzen.

Gleiche Herstellungsweise für:

Cherimoya

Internationale Mixgetränke

Voluptuoso
2 ccm Tequila
3 ccm Bananenlikör
einige Scheiben Banane
1 Tasse zerstossenes Eis
1 TL Zucker
1 ccm Zitronensaft
Im Mixer bei Höchstgeschwindigkeit 10 Sekunden rotieren lassen.

Banshee
2 ccm Bananenlikör
1 ccm Schokoladenlikör
3 Scheibchen Banane
1 ccm Sahne
½ Tasse zerstossenes Eis
Im Mixer 10 Sekunden rotieren lassen.

Chiquita-Punsch
3 ccm Bananenlikör
3 ccm Orangensaft
3 ccm Sahne
1,5 ccm Granatapfelsirup
½ Tasse zerstossenes Eis
Im Mixer 10 Sekunden bei Höchstgeschwindigkeit rotieren lassen.

Eier-Likör

100 ccm Milch
250–300 g Zucker
7 Eigelb
150 ccm reiner Alkohol
Vanille

Im Wasserbad (Seite 12) die Milch mit dem Zucker und den Eigelben cremig rühren. Den Alkohol inzwischen mit ebensoviel Wasser mischen. Nach leichtem Auskühlen die Eigelbmasse im Mixer schnell rotieren lassen und die Alkohol-Wasser-Mischung in feinem Strahl zugeben. Nach Geschmack mit Vanille würzen. Mit Milch bis auf ¾ Liter auffüllen.

Tips für die Verwendung

Pur mit einem Schuss Mokkalikör ins Glas.
Eiscreme-Ergänzung: als Sauce über Schokoladen-, Nuss- oder Karameleiscreme.
Eiscreme-Bereitung: die Eiscrememasse von Sahne- oder Vanilleeiscreme sowie auch Schokoladeneiscreme mit Eierlikör verfeinern.
Tortencreme: mit Gelatine andicken, mit geriebenen Nüssen oder Mandeln vermischen.
Dessert: mit Gelatine andicken, kurz vor dem Festwerden Eischnee unterheben, ein paar Erdbeeren oder Bananenscheibchen hineinfallen lassen oder mit Schokoladenraspeln bestreuen.
Sahnecreme: Eierlikör mit Gelatine andicken, kurz vor dem Festwerden steif geschlagene Sahne unterheben. Mit gedünsteten Früchten anbieten.
Eier-Bier: Bier erwärmen, einen kräftigen Schuss Eierlikör hineinrühren, mit etwas Zitronenschale würzen.
Rotwein mit Ei: Rotwein mit Eierlikör verquirlen, als Kräftigungstrunk.
Marsala-Punsch: ⅓ Eierlikör mit ⅔ Marsala leicht verquirlen.
Milch-Punsch: ⅓ Eierlikör, ⅓ Rum, ⅓ Milch leicht verquirlen.

Internationale Mixgetränke

Tall Dutch Eggnog
3 ccm Eierlikör
4 ccm Rum
2 ccm Orangensaft
12 ccm Milch
1 TL Zucker
½ Tasse zerstossenes Eis
Zimt
Den Zimt zum Bestreuen des fertigen Getränkes zurücklassen, alle anderen Zutaten im Mixer einige Sekunden bei Höchstgeschwindigkeit rotieren lassen.

Haselnuss-Cremelikör

200 g Haselnüsse, geraspelt
300 ccm Milch
3 Eigelb
250–300 g Zucker
150 ccm reiner Alkohol

Die Haselnüsse in der Milch erhitzen und abgeschaltet 10 Minuten stehen lassen. Durch ein Sieb giessen und die Flüssigkeit mit dem Zucker und den Eigelben im Wasserbad (Seite 12) cremig rühren, dann abkühlen lassen. Inzwischen den Alkohol mit der gleichen Menge Wasser mischen. Die Nusscrememasse im Mixer schnell rotieren lassen und die Alkohol-Wasser-Mischung in feinem Strahl zugeben. Mit Milch bis auf ¾ Liter auffüllen. Nach Geschmack mit einem Tropfen Bittermandel würzen.

Tips für die Verwendung

Tortencreme: mit Gelatine andicken, frische gemahlene Haselnüsse unterheben.
Sahnecreme: mit Gelatine andicken, kurz vor dem Festwerden geschlagene Sahne unterheben.
Eiscreme-Ergänzung: als Sauce über Vanille- oder Schokoladeneiscreme.
Eiscreme-Bereitung: Würze für Nusseiscreme.
Likörwürze: einen Schuss Haselnuss-Cremelikör in einen klaren Mokkalikör geben.
Tortenguss: mit Gelatine andicken, mit Haselnüssen oder Schokolade garnieren.

Gleiche Herstellungsweise für:

Mandeln
Walnüsse
Pistazien

Internationale Mixgetränke

Pink Squirrel
2 ccm Haselnuss-Cremelikör
2 ccm Schokoladenlikör
1,5 ccm Sahne
Mit Eis gut schütteln.

Champagne Noyeaux
1 ccm Haselnuss-Cremelikör
1 TL Zitronensaft
8 ccm Sekt
1 Zitronenscheibe
1 geröstete Mandel
Likör mit Zitronensaft und Sekt verrühren. Mandel und Zitronenscheibe einlegen.

Derby-Fizz
1,5 ccm Haselnuss-Cremelikör
1,5 ccm Zitronensaft
1,5 ccm Granatapfelsirup
Mit Eis gut schütteln.

Honig-Cremelikör

200 ccm Milch
3 Eigelb
100 g Zucker
200 ccm Honig
150 ccm reiner Alkohol

Die Milch mit den Eigelben und dem Zukker im Wasserbad (Seite 12) cremig rühren, etwas auskühlen lassen und den Honig darin auflösen. Inzwischen den Alkohol mit der gleichen Menge Wasser mischen. Die Honigmasse im Mixer schnell rotieren lassen und die Alkohol-Wasser-Mischung in feinem Strahl zugeben. Mit Wasser oder Milch auf ¾ Liter auffüllen.

Tips für die Verwendung

Stärkungsmittel: regelmässig ein Gläschen trinken.
Eiscreme-Ergänzung: als Sauce über Eiscreme.
Bier-Punsch: Bier erhitzen, einen kräftigen Schuss Honig-Cremelikör hineinrühren, nach Geschmach noch mit Zitronenschale oder etwas Gewürzlikör (Seite 19) abrunden.
Milchmix-Getränk: im Mixer Milch mit einem Eigelb rotieren lassen, mit Honig-Cremelikör würzen.
Bei Erkältung: ⅓ Honig-Cremelikör mit ⅔ heisser Milch auffüllen.
Milch-Grog: heisse Milch mit Rum würzen und Honig-Cremelikör süssen, mit Schlagsahnehaube garnieren.
Dessert: mit Gelatine andicken, kurz vor dem Festwerden Eischnee unterheben. Mit Krokantstreuseln bestreuen.
Eiscreme-Bereitung: Sahne steif schlagen, mit Honig-Cremelikör würzen und mit Zucker nachsüssen, tiefgefrieren.

Honig in der Volksheilkunde

Siehe Seite 23

Karamel-Cremelikör

300 g Zucker
200 ccm Milch
4 Eigelb
150 ccm reiner Alkohol
Vanille

Den Zucker in der Pfanne erhitzen und unter ständigem Rühren zerlaufen lassen. Zuerst mit einer Tasse Wasser zerkochen und dann die Milch zugeben und erhitzen. Dann die Masse umfüllen und mit den Eigelben im Wasserbad (Seite 12) cremig rühren. Den Alkohol mit der gleichen Menge Wasser mischen. Die ausgekühlte Karamelmasse im Mixer schnell rotieren lassen und die Alkohol-Wasser-Mischung in feinem Strahl dazugeben. Mit Milch auf ¾ Liter auffüllen.

Tips für die Verwendung

Pur: für alle, die Sahnekaramellen lieben.
Verfeinert: mit Schuss klarem Mokkalikör.
Tortenguss: mit Gelatine andicken.
Leichte Dessertcreme: mit Gelatine andicken, kurz vor dem Festwerden Eischnee unterheben.
Sahnecreme: mit Gelatine andicken, kurz vor dem Festwerden geschlagene Sahne unterheben.
Tortencreme: wie Sahnecreme, geriebene Haselnüsse oder Mandeln einrühren.
Eiscreme-Ergänzung: als Sauce über Vanille- oder Schokoladeneiscreme, passt auch zu Mokkaeiscreme.
Eiscreme-Bereitung: als Würze für Nuss- oder Karamel-Eiscrememasse.
Eiskaffee: eisgekühlten starken Kaffee mit Karamel-Cremelikör würzen, mit Sahnehaube.
Eisschokolade: eisgekühlte Trinkschokolade mit Karamel-Cremelikör würzen, mit Schokoladenraspeln bestreuen.
Milchmix-Getränk: Milch mit einem Schuss Sahne im Mixer rotieren lassen, Karamel-Cremelikör zugeben.
Milch-Grog: heisse Milch mit Rum würzen und mit Karamel-Cremelikör süssen.

Milch-Likör

600 ccm möglichst Ziegen- oder Schafsmilch
300 g Zucker
150 ccm reiner Alkohol
Vanille

Die Milch unbedingt auf etwa 40 Grad erwärmen, sonst gerinnt sie bei der Verbindung mit Alkohol. Mit dem Zucker im Mixer schnell rotieren lassen und den Alkohol tropfenweise zugeben. Mit Vanille abschmecken.

Tips für die Verwendung

Likör-Mix: ein Schuss Milchlikör in einen klaren Mokka- oder Schokoladenlikör.
Bei Erkältung: heisse Milch mit Honig und einem guten Schuss Milchlikör.
Milch-Punsch: ⅓ Milch, ⅓ Milchlikör, ⅓ Rum, alles leicht verquirlen.
Milchmix-Getränk: Milch mit einem Eigelb im Mixer rotieren lassen, mit Milchlikör würzen.
Kakao-Mixgetränk: kalten Kakao mit Eigelb im Mixer rotieren lassen, einen Schuss Milchlikör zugeben.
Himbeer-Milchmix: etwas Himbeersirup mit Milch mixen, Milchlikör zufügen, frische Himbeeren einlegen.
Heidelbeer-Mix: Milch mit frischen Heidelbeeren im Mixer rotieren lassen, Milchlikör nach Geschmack zugeben.

Internationale Mixgetränke

Gaelic Glee
3 ccm Milchlikör
1 ccm Mokkalikör
1 ccm Rum
geriebene Muskatnuss
Mit Eis schütteln, mit Muskatnuss bestäuben.

Ultra Suede
1 ccm Milchlikör
1 ccm Schokoladenlikör
1 ccm Bananenlikör
1 ccm Zitronensaft
Schokoladenraspeln
Mit Eis gut schütteln, mit den Schokoladenraspeln bestreuen.

Creamy Irish Screwdriver
2 ccm Milchlikör
3 ccm Whisky
8 ccm Orangensaft
geriebene Muskatnuss
Mit Eis gut schütteln, mit Muskatnuss bestreuen.

Mokka-Cremelikör

2 EL Kaffee, gemahlen
4 Eigelb
300 g Zucker
150 ccm reiner Alkohol
Milch
Vanille

Den Kaffee mit einer Tasse Wasser kurz aufkochen, einige Minuten stehen lassen, durchfiltrieren. Mit den Eigelben und dem Zucker im Wasserbad (Seite 12) cremig rühren. Nach dem Auskühlen im Mixer schnell rotieren lassen und den Alkohol in feinem Strahl zugeben. Mit Milch auf ¾ Liter auffüllen und mit Vanille abschmecken.

Tips für die Verwendung

Pur perfekt: mit einem Häubchen Schlagsahne.
Likör-Mix: mit einem Schuss klarem Mokkalikör oder Eierlikör.
Tortenguss: mit Gelatine andicken, mit Schokolade oder Nüssen garnieren, Schlagsahne.
Dessertcreme: mit Gelatine andicken, kurz vor dem Festwerden Eischnee unterheben.
Sahnecreme: mit Gelatine andicken, kurz vor dem Festwerden geschlagene Sahne unterheben. Die Portionen mit einem Schuss klarem Mokkalikör übergiessen.
Torten-Buttercreme: mit Mokka-Cremelikör würzen.
Mokka-Nusscreme: Torten-Buttercreme oder Sahnecreme (siehe oben) mit geriebenen Haselnüssen verrühren, eventuell ein paar Schokoladenraspeln mit einrühren.
Eiscreme-Ergänzung: als Sauce über Vanille-, Schokoladen-, Karamel- oder Mokka-Eiscreme.
Eiscreme-Bereitung: als Würze für Schokoladen- oder Mokkaeiscreme.
Milchmix-Getränk: Milch im Mixer rotieren lassen, mit Mokka-Cremelikör würzen.

Internationale Mixgetränke

Irish Alexander on the Rocks
1,5 ccm Mokka-Cremelikör
1,5 ccm Whisky
1,5 ccm Sahne
Mit Eis gut schütteln.

Alexander with Coffee
1,5 ccm Mokka-Cremelikör
1,5 ccm Gin
1,5 ccm Sahne
Mit Eis gut schütteln.

Torridora Cocktail
1 ccm Mokka-Cremelikör
3 ccm Rum
0,5 ccm Sahne
1 TL Rum, 76%
Mit Eis gut schütteln, den 76%igen Rum daraufgleiten lassen.

Vorne: Eiscreme mit Mokkalikör, Eiscreme mit Karamel-Cremelikör, Eiskaffee
Hinten: Schokoladeneiscreme mit Eierlikör, Mokkalikör
In den Flaschen: Karamel-Cremelikör (Seite 47), Eierlikör (Seite 44), Mokkalikör (Seite 31)

Schokoladen-Cremelikör

2 EL Kakao
4 Eigelb
300 g Zucker
150 ccm reiner Alkohol
Milch
Vanille

Den Kakao unter Rühren mit einer Tasse Wasser aufkochen, durchfiltrieren. Mit den Eigelben und dem Zucker im Wasserbad (Seite 12) cremig rühren. Nach dem Auskühlen im Mixer schnell rotieren und den Alkohol in feinem Strahl zulaufen lassen. Mit Milch auf ¾ Liter auffüllen, mit Vanille abschmecken.

Tips für die Verwendung

Pur: mit einem Schuss Eierlikör oder klarem Mokkalikör.
Tortenguss: mit Gelatine andicken, mit Nüssen und Schlagsahne garnieren.
Tortencreme: mit Gelatine andicken, geriebene Nüsse einrühren.
Sahnecreme: mit Gelatine andicken, kurz vor dem Festwerden geschlagene Sahne unterheben.
Eiscreme-Ergänzung: als Sauce über Vanilleeiscreme.
Eiscreme-Bereitung: als Würze für Schokoladeneiscreme.
Zuckerguss: mit Puderzucker zu einem weichen Brei anrühren und auf das Gebäck streichen, trocknen lassen.
Schokoladenfondue: die Schokoladenschmelzmasse nach Geschmack mit Schokoladen-Cremelikör würzen.
Milchmix-Getränk: Milch mit einem Schuss Sahne und Schokoladen-Cremelikör nach Geschmack mixen.

Internationale Mixgetränke

Pink Squirrel Seite 45

Brandy Alexander
1,5 ccm Schokoladenlikör
1,5 ccm Brandy
1,5 ccm Sahne
Mit Eis gut schütteln.

Kretchma
2 ccm Schokoladen-Cremelikör
2 ccm Wodka
1 ccm Zitronensaft
½ TL Grenadine
Mit Eis schütteln

Caribbean Coffee
1 ccm Schokoladen-Cremelikör
12 ccm gekühlter starker Kaffee
Zucker nach Geschmack
2 ccm Rum
2 ccm Sahne
Schlagsahne
Über Eiswürfel giessen, umrühren, mit Schlagsahne garnieren.

Internationale Mixgetränke
In den Gläsern von links nach rechts:
Numero Uno, Rezept Seite 25
Russian Coffee, Rezept Seite 31
Peach Cream, Rezept Seite 14
Coco Banana, Rezept Seite 25

Sahne-Vanille-Cremelikör

400 ccm Sahne
3 Eigelb
300 g Zucker
150 ccm reiner Alkohol
Vanille

Die Sahne mit den Eigelben und dem Zukker im Wasserbad (Seite 12) cremig rühren. Etwas auskühlen lassen. Inzwischen den Alkohol mit der gleichen Menge Wasser mischen. Die Eiersahne im Mixer schnell rotieren lassen und die Alkohol-Wasser-Mischung in feinem Strahl zugeben. Mit Vanille kräftig abschmecken.

Tips für die Verwendung

Pur: den Likör mit geraspelter Schokolade bestreuen.
Tortenguss: mit Gelatine andicken, mit Schokolade oder Krokant garnieren.
Tortencreme: mit Gelatine andicken, kurz vor dem Festwerden geschlagene Sahne unterheben.
Dessertcreme: mit Gelatine andicken, kurz vor dem Festwerden Eischnee unterheben und ein paar Früchte (Kirschen, Erdbeeren, Himbeeren, Heidelbeeren, gedünstete Birnen) hineinfallen lassen.
Vanillepudding: die fertige Puddingmasse mit einem Schuss Likör würzen.
Zuckerguss: Puderzucker mit dem Likör zu einem weichen Brei anrühren, das Gebäck damit bestreichen, trocknen lassen.
Eiscreme-Ergänzung: als Sauce über Schokoladen-, Mokka- und Karameleiscreme.
Eiscreme-Bereitung: als Würze für Mokka-, Schokoladen-, Karamel- und Vanilleeiscreme.
Milchmix-Getränk: Milch mit einem Eigelb und Sahne-Vanille-Cremelikör nach Geschmack mixen.

Internationale Eismix

Vanilla
2 Kugeln Vanilleeiscreme
1 Kugel Zitroneneiscreme
2 ccm Zitronensaft
2 ccm Limettensaft
⅛ l Sodawasser
abgeriebene Zitronenschale
Die Eiscremekugeln in ein Glas geben, Zitronen- und Limettensaft darübergiessen, mit Sodawasser auffüllen und mit Zitronenschale bestreuen.
Diesen Eismix kann man gut mit Vanillelikör verfeinern.

Eiscreme Soda «Kir Royal»
3 Kugeln Vanilleeiscreme
2 ccm Cassis
⅛ l trockener Champagner
Eiscremekugeln in ein Glas geben, mit dem Cassis übergiessen und dem Champagner auffüllen. Nach Geschmack mit Vanillelikör würzen.

Fruchtsaft-Liköre

Aprikose
Birne
Brombeeren
Erdbeeren
Guaven
Heidelbeeren
Himbeeren
Johannisbeeren
Maulbeeren
Passionsfrüchte
Schlehen
Stachelbeeren

Aprikosen-Saftlikör

500 g Aprikosen
400 g Zucker
Zitronensäure
260 ccm reiner Alkohol

Die Früchte entsteinen, ein paar Steine zerschlagen, alles mit Wasser gerade bedeckt aufkochen, etwas ziehen lassen und durchfiltrieren. Es sollten etwa 700 ccm Saft ablaufen. Darin den Zucker und die Zitronensäure einige Minuten kochen (Seite 7). Nach dem Abkühlen den Alkohol einrühren. Durch Abrunden mit etwas Marillen-(Aprikosen-)Geist kann man diesem Likör eine pikante Würze verleihen, und er darf sich dann Apricot-Brandy nennen.

Tips für die Verwendung

Obstsalat: Basis für jede Obstmischung.
Tortenguss: mit Gelatine andicken, mit Früchten und Schlagsahne garnieren.
Flambieren: mit etwas reinem Alkohol höherprozentig machen, in eine warme Fruchtsauce geben, nochmals erhitzen und die Flamme hineinschlagen lassen.
Eiscreme-Ergänzung: über Fruchteiscreme und für Früchteeisbecher.
Eiscreme-Bereitung: als Würze für Aprikoseneiscreme.
Frucht-Sauce: Basis für heisse Fruchtsauce zu Crêpes Suzette oder gedünsteten Bananen.
Longdrink: über ein paar Eiswürfel einen Schuss Aprikosenlikör geben, mit Orangensaft, Aprikosensaft, Sekt oder Sodawasser oder einer Mischung aus allem aufgiessen.

Gleiche Herstellungsweise für:

Birne, abgerundet mit etwas Birnengeist, säuern mit etwas Zitronensaft.

Internationale Mixgetränke

Apricot Punch (Foto Seite 57)
10 ccm Aprikosensaftlikör
2 ccm Zitronensaft
4 ccm Orangensaft
Spritzer Fruchtbitter
25 ccm Schwarztee, gut gekühlt
Alles mischen, mit Eiswürfeln auf die Gläser verteilen.

Red Cloud
1 ccm Aprikosenlikör
3 ccm Gin
1 ccm Zitronensaft
1 TL Grenadine
Spritzer Fruchtbitter
mit Eis gut schütteln.

Mixgetränke mit Bitter
vorne: Vin Blanc Cassis, Rezept Seite 22
Banana Mix, Rezept Seite 14
Stinger, Rezept Seite 18
hinten: Roter Cooler, Rezept Seite 37
Apricot Punch, Rezept Seite 56
Orangen/Mandel-Likör-Fizz, Rezept Seite 37

Erdbeer-Saftlikör

500 g Erdbeeren
400 g Zucker
Zitronensäure
260 ccm reiner Alkohol

Die Beeren gerade mit Wasser bedeckt einmal aufkochen und etwas ziehen lassen, durchfiltrieren. Es sollten etwa 700 ccm Saft ablaufen. Darin den Zucker und die Zitronensäure ein paar Minuten kochen (Seite 7). Nach dem Auskühlen den Alkohol einrühren. Dieser Likör kann mit einem geschmacklich passenden Obstgeist zu Erdbeer-Brandy verfeinert werden.

Tips für die Verwendung

Pur: in den Likör eine Erdbeere einlegen, mit etwas Sahne garnieren
Götterspeise: die heisse Masse mit Erdbeerlikör würzen.
Fruchtsauce: eine passende Fruchtsauce mit Erdbeerlikör abrunden.
Zuckerguss: Puderzucker mit Likör zu einem weichen Brei anrühren, auf das Gebäck streichen, trocknen lassen.
Erdbeer-Sahnecreme: Erdbeeren mixen, mit Zucker und Erdbeerlikör abschmecken, mit Gelatine andicken, kurz vor dem Festwerden geschlagene Sahne darunterziehen.

Gleiche Herstellungsweise für:

Brombeeren
Heidelbeeren
Himbeeren
Johannisbeeren, rot und schwarz
Maulbeeren
Stachelbeeren

Internationale Mixgetränke

Pink Ribbon
2 ccm Erdbeerlikör
1 ccm Triple Sec
1 ccm Brandy
1 ccm Zitronensaft
Mit Eis gut schütteln.

Strawberry Kiss
2 ccm Erdbeerlikör
1 ccm Kirschwasser
1 ccm heller Rum
1 ccm Orangensaft
1 TL Zitronensaft
1 Erdbeere
Mit Eis schütteln, die Erdbeere einlegen.

Strawberry Swig
1 ccm Erdbeerlikör
3 ccm Gin
0,5 ccm Limonensaft
Spritzer Orangenbitter
1 Limonenscheibe
Mit Eis gut schütteln, mit der Limonenscheibe garnieren.

Passionsfrucht-Saftlikör

400 ccm Fruchtmasse ohne Schale
400 g Zucker
Zitronensäure
260 ccm reiner Alkohol

Die Fruchtmasse mit 300 ccm Wasser aufkochen, etwas ziehen lassen. Um die Kernchen abzusondern, zunächst durch ein Sieb rühren, dann durchfiltrieren. Den Saft mit dem Zucker und der Zitronensäure einige Minuten kochen (Seite 7). Nach dem Auskühlen den Alkohol einrühren. Mit Wasser auf 1 Liter auffüllen.

Tips für die Verwendung

Longdrink: über einen Eiswürfel einen Schuss Passionsfruchtlikör geben, mit Sodawasser oder Sekt aufgiessen.
Fruchtsauce: eine heisse Fruchtsauce für Crêpes Suzette oder in Butter gebratene Bananen mit dem Likör würzen.
Flambieren: etwas Likör mit einem Schuss reinem Alkohol höherprozentig machen, in die heisse Fruchtsauce geben, nochmals erhitzen und die Flamme hineinschlagen lassen.
Eiscreme-Ergänzung: als Sauce für Fruchteiscreme oder Eisbecher.
Tortenguss: mit etwas Saft verdünnen, mit Gelatine andicken, mit Früchten belegen und mit Schlagsahne garnieren.
Zuckerguss: Puderzucker mit dem Likör zu einem weichen Brei anrühren, auf das Gebäck streichen, trocknen lassen.
Obstsalat: Saucengrundlage für jeden Obstsalat.

Gleiche Herstellungsweise für:

Guaven, rote und gelbe.

Internationale Mixgetränke

Bonrinquen
1 ccm Passionsfruchtlikör
3 ccm heller Rum
1,5 ccm Limonensaft
1 ccm Orangensaft
1 TL Rum, 76%ig
½ Tasse zerstossenes Eis
Im Mixer 10 Sekunden langsam mixen, mit Eiswürfeln servieren.

Frozen Berkeley
1 ccm Passionsfruchtlikör
1 ccm Brandy
3 ccm heller Rum
1 ccm Zitronensaft
⅓ Tasse zerstossenes Eis
10–15 Sekunden langsam im Mixer mixen.

Gauguin
1 ccm Passionsfruchtlikör
4 ccm heller Rum
1 ccm Zitronensaft
0,5 ccm Limonensaft
⅓ Tasse zerstossenes Eis
1 Maraschino-Kirsche
10 Sekunden im Mixer mixen, mit der Kirsche garnieren.

Sangria, gewürzt mit Orangenlikör,
Rezept Seite 34

Schlehen-Saftlikör

500 g Schlehen
400 g Zucker
Zitronensäure
260 ccm reiner Alkohol

Die Schlehen, gesammelt nach dem ersten Frost, mit etwa 600 ccm kochendem Wasser überbrühen, stehen lassen. Am nächsten und übernächsten Tag den Saft erneut aufkochen und wieder über die Früchte giessen. Am vierten Tag durchfiltrieren. Es sollten etwa 700 ccm Saft ablaufen. Darin den Zucker und die Zitronensäure einige Minuten kochen (Seite 7). Nach dem Auskühlen den Alkohol einrühren. Mit Wasser auf 1 Liter auffüllen, abrunden (Seite 8).

Tips für die Verwendung

Tortenguss: mit Gelatine andicken, mit gedünsteten Kirschen belegen und mit Schlagsahne garnieren.
Longdrink: Saftgetränke aus Kirschen, Schwarzen Johannisbeeren oder Maulbeeren mit Schlehenlikör würzen.
Heissgetränk: heissen Kirschsaft (auch Schwarze Johannisbeeren, Maulbeeren) mit Schlehenlikör würzen und mit Zucker abschmecken.
Rotwein-Grog: Rotwein mit Nelken und etwas Stangenzimt erhitzen, mit Schlehenlikör würzen, eventuell nachsüssen.
Zuckerguss: Puderzucker mit Schlehenlikör zu einem weichen Brei anrühren, auf das Gebäck streichen, trocknen lassen.
Eiscreme-Ergänzung: als Sauce über Fruchteiscreme und für Fruchteisbecher.
Cocktail: 1,5 ccm Schlehenlikör, 2,5 ccm Brandy, 2 TL Zitronensaft, 0,5 ccm Orangenlikör; mit Eis schütteln.
Sahne-Cocktail: 1,5 ccm Schlehenlikör, 2,5 ccm heller Rum, 1 ccm Sahne, ⅓ Tasse zerstossenes Eis; im Mixer 10 Sekunden langsam rotieren lassen.
Cooler: 1,5 ccm Schlehenlikör, 1,5 ccm heller Rum, 1,5 ccm Kräuterlikör, 1 ccm Zitronensaft, Sodawasser, mit Eis schütteln, mit Sodawasser aufgiessen, mit Zitronenschale abspritzen.
Punsch: 6 ccm Schlehenlikör, 500 ccm Kirschsaft, (Schwarze Johannisbeeren, Maulbeeren), eine Prise Zimt, Piment, Muskat, 10 ccm Wodka, Zitronenscheiben. Zutaten kühlen und mischen, Gewürze zufügen, eine Stunde kalt stellen. Abfiltrieren, Zitronenscheiben einlegen.

REGISTER